中国学生素质拓展自助阅读

彩图版

# 每一个梦想都美丽

张培培/主编

我不爱动脑筋，看见不会做的题目，
我总想翻翻后面的答案，我有一个小小的梦想，
可遇到反对时，我便放弃了自己的主张，
其实每一个梦想都是美丽的，
每个孩子的想法也值得我们去关注，
勇敢地创新、思考吧！

天津出版传媒集团

天津科学技术出版社

图书在版编目（ＣＩＰ）数据

每一个梦想都美丽／张培培主编. —天津：天津科学技术
出版社，2012（2019.6重印）

（中国学生素质拓展自助阅读）

ISBN 978-7-5308-6847-8

Ⅰ.①每… Ⅱ①张… Ⅲ.①阅读课–中小学–课外读物

Ⅳ.①G634. 333

中国版本图书馆CIP数据核字（2012）第042619号

每一个梦想都美丽
MEIYIGE MENGXIANG DOU MEILI

责任编辑：郑　新

出　　版：**天津出版传媒集团**
天津科学技术出版社

地　　址：天津市西康路35号

邮　　编：300051

电　　话：（022）23332674

网　　址：www.tjkjcbs.com.cn

发　　行：新华书店经销

印　　刷：三河市燕春印务有限公司

开本 700×1000mm 1/16　　印张 9　　字数 150 000

2019年 6月第 1 版第 3 次印刷

定价:29. 80 元

读者们，作为一名学生，你的主要任务自然就是学习。要知道，学生阶段是一个人思维最活跃，对外界最好奇，求知欲也最强的阶段，也是每个人素质培养的奠基阶段。

可是，在学习的过程中，你也会遇到很多的烦恼。学校就像是一个小型的社会，你不光要与老师、同学相处，更要与自己那颗青春好动的心灵相处。

当遇到烦恼时，你会向谁倾诉呢？你又从何处获得帮助呢？强烈的自尊心也许让你不好意思把自己的秘密和朋友倾诉；告诉父母，又害怕他们说自己不专心学习；如果能有一个知心的朋友，倾听你的诉说，并守口如瓶地守护自己的秘密那就好了。

《中国学生素质拓展自助阅读》丛书就是这样的一个好朋友。它是我们专门送给你的礼物，帮你解决学生阶段大家最容易遇到的烦恼和困惑。它把素质拓展的理念融入丰富多彩的故事中，让你在轻松愉悦的阅读过程中得到成长。

丛书共分为八册，从思考创新、勇敢坚强、自信积极、欣赏他

人、宽容大度、勤学自律、诚实守信、感恩珍惜八个方面入手，所选内容专门针对大家在学习和生活中经常遇到的烦恼困惑，注重培养学生最应养成的良好习惯，为真正实现全方位拓展素质、提高能力打下基础。

丛书在选文上时刻关注学生群体的阅读习惯。书中有大量生动有趣的故事，情节丰富曲折，引人入胜。在道理的阐发上也紧密结合故事内容，自然、贴切，适合学生的阅读习惯。书中还特别设置了"轻轻告诉你"板块，启迪你去独立思考，真正达到自助阅读的目的。

本套丛书将成为你最忠实的伙伴，它不会泄露你的任何秘密；它鼓励你独立思考，养成良好的思维习惯；它帮助你控制自己的情绪，让你成为班级里的人气王；它鼓励你勇敢自信，让你知道做自己才是最美丽的；它提醒你学会感恩，对身边爱自己的人说声"谢谢"……

最重要的是，它让你坚信：求人不如求己，只有在自己心中埋下上进、积极的种子，你的素质才能真正得到拓展与提高。

# 目录

昨天的梦想
可以是今天的希望
并且还可以成为明天的现实

# 曹冲巧称象

有一次，吴国孙权送给曹操一只大象，曹操十分高兴。

大象运到许昌那天，曹操带领文武百官和小儿子曹冲，一同去看。

部下都没有见过大象。这大象又高又大，光是腿就有大殿的柱子那么粗，人走近去比一比，还不到它的肚子高。

曹操对大家说："这只大象真是大，可是到底有多重呢？你们哪个有办法称它一称？"

嘿！这么大个家伙，可怎么称呢！大臣们纷纷议论开了。没多久他们就纷纷出起了主意。

一个说："只有造一杆顶大顶大的秤来称。"

另一个说："这可要造多大的一杆秤呀！再说，大象是活的，也没办法称呀！我看只有把它宰了，切成块儿称。"

他的话刚说完，所有的人都哈哈大笑起来。大家说："你这个办法呀，真是笨死啦！为了称称重量，就把大象活活地宰了，不可惜吗？"

　　大臣们想了许多办法，可一个也行不通。真叫人为难呀。

　　这时，从人群里走出一个小孩，对曹操说："爸爸，我有个法儿，可以称大象。"

　　曹操一看，正是他最心爱的儿子曹冲，就笑着说："你小小

年纪，有什么法子？你倒说说，看有没有道理。"

曹冲把办法说了。曹操一听连连叫好，吩咐左右立刻准备称象，然后对大臣们说："走！咱们到河边看称象去！"

众大臣跟随曹操来到河边。河里停着一只大船，曹冲叫人把象牵到船上，等船身稳定了，在船舷上齐水面的地方，刻了一条线。再叫人把象牵到岸上来，把大大小小的石头，一块一块地往船上装，船身就一点儿一点儿往下沉。等船身沉到刚才刻的那条线和水面一样齐了，曹冲就叫人停止装石头。

大臣们睁大了眼睛，起先还摸不清是怎么回事，看到这里不由得连声称赞："好办法！好办法！"现在谁都明白，只要把船里的石头都称一下，再把重量加起来，就知道象有多重了。

曹操自然更加高兴了。他眯起眼睛看着儿子，又扬扬得意地望望大臣们，好像心里在说："你们还不如我的这个小儿子聪明呢！"

# 在生活中获取创造灵感

  阿基米德是古希腊著名的科学家。他在面临困境时总能想出自己的解决办法，而他的种种创意却来源于对普通的日常生活的细致观察。

  相传，国王让工匠替他做了一顶纯金的王冠，做好后，国王疑心工匠在金冠中掺了假，但这顶金冠确实与当初交给金匠的纯金一样重，到底工匠有没有捣鬼呢？

  国王既想检验真假又不舍得破坏王冠，这个问题不仅难倒了

国王，也使诸大臣们面面相觑。

后来，国王请阿基米德来检验。最初，阿基米德也是冥思苦想而不得要领。一天，他在家洗澡，当他坐进澡盆里时，看到水往外溢，同时感到身体被轻轻托起。

他想到金冠如果没有造假，那么它排出的水的体积应该等同于相同重量的纯金排出的水的体积。他兴奋地跳出澡盆，连衣服都顾不得穿就跑了出去，大声喊着："我知道了！我知道了！"

经过进一步的实验以后，阿基米德来到王宫，他把王冠和同等重量的纯金放在盛满水的两个盆里，比较两盆溢出来的水，发现

放王冠的盆里溢出来的水比另一盆多。这就说明王冠的体积比相同重量的纯金的体积大，因此证明了王冠里掺进了其他的杂质。

这次试验的意义远远大过查出金匠欺骗国王，阿基米德从中发现了浮力定律：物体在液体中所获得的浮力，等于他所排出的液体的重量。一直到现在，人们还在利用这个原理计算物体比重和测定船舶载重量等。曹冲也是利用这个原理才称出了大象的重量。

阿基米德对于机械的研究源自于他在亚历山大城求学时期。有一天，阿基米德在久旱的尼罗河边散步，看到农民提水浇地相当费力，经过思考之后他发明了一种利用螺旋作用在水管里旋转而把水吸上来的工具，后世的人把它叫做"阿基米德螺旋提水器"，一

直到两千年后的现在，埃及还有人使用这种器械。这个工具成了后来螺旋推进器的先祖。当时的欧洲，在工程和日常生活中，经常使用一些简单机械，譬如：螺丝、滑车、杠杆、齿轮等，阿基米德花了许多时间去研究，发现了"杠杆原理"和"力矩"的概念。对于经常使用工具制作机械的阿基米德而言，将理论运用到实际的生活上是轻而易举的。他自己曾说："给我一个支点，我能撬动整个地球。"

刚好国王又遇到了一个棘手的问题：王室替埃及托勒密王造了一艘船，因为太大太重，船无法放进海里。

国王就对阿基米德说："你连地球都举得起来，一艘船放进海里应该没问题吧？"

阿基米德叫工匠在船的前后左右安装了一套设计精巧的滑车和杠杆。在一切准备妥当后，他将牵引船只的绳子交给国王，国王轻轻一拉，大船果然移动下水，国王不得不为阿基米德的才华所折服。

还有这么一个传说。罗马帝国派遣船只侵略希腊，国王对此束手无策。于是，便找阿基米德商量办法。

阿基米德听了国王的述说后，让国王准备500个人，并且每人都拿上一面镜子。国王听得一头雾水，但也只好照办。

　　在人都到齐后，阿基米德指挥他们登上临海的一个小山坡，并让他们呈扇面分散开来，然后把手中的镜子都举起来，这样就组成了一个巨大的凹面镜。凹面镜将太阳光聚焦成一束灼热的光线，点燃了海面上的罗马军舰，最终击退了罗马从海上的入侵。

　　这个故事虽然是一个传说，但它却很好地展现了阿基米德的聪明才智。

# 大发明家爱迪生的故事

爱迪生小时候就热爱科学，凡事都爱寻根追底，都要动手试一试。

有一次，他看到母鸡在孵蛋，就好奇地问妈妈："母鸡为什么卧在蛋上不动呢？是不是生病了？"妈妈告诉他："这是在孵小鸡，过一些日子，蛋壳里就会钻出鸡宝宝来。"

听了妈妈的话，爱迪生感到新奇极了。他想，母鸡卧在鸡蛋上就能孵出小鸡来，鸡蛋是怎样变成小鸡的呢？人卧在上边行不

9

行？他决定试一试。

爱迪生从家里拿来几个鸡蛋，在邻居家找了个僻静的地方，他先搭好一个窝，在下边铺上柔软的茅草，再把鸡蛋摆好，然后就蹲坐在上边，他要亲眼看一看鸡蛋是怎样孵成小鸡的。

天快黑下来了，还不见爱迪生回家，家里的人都非常着急，于是到处去找他。找来找去，才在邻居的后院找到了爱迪生。只见他坐在一个草窝上一动也不动，身上、头上沾有不少草叶。家里人见了，又生气又好笑，问他：

"你在这儿干什么呢？"

"我在这儿孵蛋啊！小鸡快要孵出来了。"

"孵什么蛋，快点出来！"爸爸大声喝道。

"母鸡能孵蛋，我要看看怎样孵出小鸡来。"

"不行，不行！快回家！"爸爸又呵斥道。

妈妈却没有责怪和取笑他，因为她知道这孩子的性格，微笑着说："人的体温没有鸡的体温高，你这样孵是孵不出来的。"爱迪生虽然没有孵出鸡来，但是通过这次孵蛋活动增长了知识。

爱迪生爱动脑筋的习惯让他日后成为了一名伟大的发明家，他并没有为自己的成功而沾沾自喜，而是更加勤奋地思考，毫不浪费一秒钟的宝贵时光。

一天，爱迪生在实验室里工作，他递给助手一个没上灯口的空玻璃灯泡，说："你量量灯泡的容量。"他又低头工作了。

过了好半天，他问："容量多少？"他没听见回答，转头看见助手拿着软尺在测量灯泡的周长、斜度，并拿了测得的数字伏在桌上计算。他说："时间，时间，怎么费那么多的时间呢？"爱迪生走过来，拿起那个空灯泡，向里面斟满了水，交给助手，说："把灯泡里面的水倒在量杯里，马上告诉我它的容量。"

助手立刻读出了数字。

爱迪生说："这是多么容易的测量方法啊，它又准确，又节省时间，你怎么想不到呢？这样去硬算，那岂不是白白地浪费时间

吗？"

助手的脸红了。

爱迪生喃喃地说："人生太短暂了，太短暂了，要节省时间，多做事情啊！"

# 细心成就的伟大发现

1879年，英国人克鲁克斯研究高真空放电管，实验时他发现管子附近的照相底片出现了原因不明的模糊阴影，他没有去寻找产生阴影的原因，只埋怨自己不小心。

过了一年，英国人古兹皮德和詹宁在演示克鲁克斯管后，也看到照相底片发了黑，他们也毫不在意，忽略了这种现象。此后两年，德国的物理学家在观察克鲁克斯管附近荧光时，只注意研究阴极射线的性质，谁也没有对这种阴影引起警觉。

这样，发现X射线的机会接二连三地被错过了。这个小小的细节最终被伦琴发现。

1895年的一天晚上，伦琴啃了几口面包，就又回到实验室去了。妻子贝塔包了一些食物，怒气冲冲地给伦琴送去。此时，伦琴正在实验室里聚精会神地做着实验。他把一本厚书放在相距大约两米远的一架荧光屏与一只克鲁克斯管之间。

"你究竟还要不要吃晚饭？现在都已过深夜12点了。"贝塔

到实验室，板着脸，大声对伦琴叫道。

"喂，亲爱的，快来看，我发现了一种新的射线。你看，它能穿过两米厚的空气，还透过这本厚书。真是太神奇了。"伦琴看到妻子来了，立刻高兴得手舞足蹈。

妻子刚进实验室的时候，可没有在意伦琴的实验。听到丈夫神秘而激动的声音，好奇心也来了："你再做一遍，让我从头看一下吧。"

"好的！"伦琴对妻子说，"你得帮我一下，请拿着荧光屏，逐渐往后退，这样我们就可以测出射线的射程了。"

妻子照伦琴说的去做了，可是，刚走一步，只听她突然惊叫

起来：“啊——快来看我的手。”

　　“你的手怎么啦？是不是被刺痛了？”伦琴赶紧抓住妻子的手，关切地问。

　　“不是的，你快看屏幕上面。”贝塔神色惊慌地大声说。

　　这时，伦琴立刻看到荧光屏上清晰地显示出贝塔手指的骨骼影像，“噢——真是奇迹，真正的奇迹。”伦琴惊喜地叫道。随即一个新的设想在他的脑中出现了。“亲爱的，你把手放到荧光屏前

面去，我给你的手照一张相。"

　　妻子把手放在克鲁克斯管附近的用黑纸包好的底片上。不一会儿，伦琴便把照片洗出来了。这是一个完整的手骨影像，连她戴在无名指上的结婚戒指也可以看得清清楚楚。

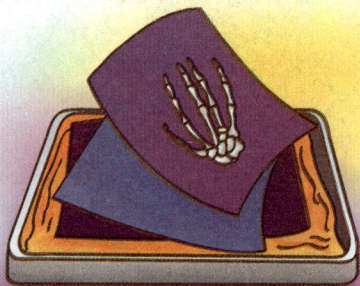

　　"亲爱的，我们可有了一项世界上最了不起的发现了。这张照片就是我们奉献给人类的最珍贵的礼物。"50岁的伦琴挥动着照片，激动得跟孩子一般。

　　"对，亲爱的。但是，造就这奇迹的看不见的射线究竟是什么呢？"

"啊！这可是种神奇的射线。"伦琴喃喃自语，"称它什么好呢？"

"它还是未知数嘛，是X。"妻子打趣地插话道。

"对，就叫它X射线。"伦琴眉毛一扬，大着嗓门说道。

伦琴把这种新发现的射线取名为X射线，表示自己还不十分了解这种新射线的真正性质，这表现出了一个学者的谦逊。一个多月后，他才把一篇名为《一种新的射线，初步报告》的论文，连同那张手的照片一起寄了出去，这是一名优秀科学家应有的慎重和严谨。他的发现很快轰动了世界。

不久，医生应用X射线，准确地显示出人体内断骨的位置，从而出现了一股"X射线热"。伦琴还收到了一封信，要求给他"寄去一份X射线和使用说明书"。

伦琴立即给这位先生回了信，他在信中幽默地说："目前，我手头没有X射线的存货，而且邮寄X射线是一件相当麻烦的事情，因此不能奉命了。"

1901年是诺贝尔奖金创办的第一年。伦琴首次获得这一年的物理学奖。他把奖金全部赠送给沃兹堡大学，作为科学研究的经费。许多厂商曾提出向他提供优厚的待遇，同他合作生产X射线机，目的是控制X射线机的生产。伦琴都一一拒绝了。他在回复德

国通用电气公司的一封请求合作的来信时，这样写道："根据德国大学教授的优良传统，我认为任何科学工作者的发明和发现都应属于全人类。这些发明和发现绝不应受专利、特许权和合同等的约束，也不应受到任何集团的控制。"

# 从端茶送水中找到的灵感

一天，瑞利的家里来了几位客人。

瑞利的母亲好客而且要强。每次来了客人，她都要亲自动手沏茶，并很讲究地把小茶碗放在精致的小碟子上，端到客人面前。

但她毕竟年纪大了，端碟子的手常因激动而颤抖，光滑的茶

碗在碟子上轻轻移动，难免要洒出一点茶水来。她常难为情地对客人说："人老了，手脚不灵活了。"

为了避免把茶水弄洒，她就格外小心地用双手捧着。可碟子像有意找别扭似的，反而倾斜了，茶碗洒出的热茶差点儿烫着手，她就更难为情了："人老了，手脚不灵活了。"

年轻的瑞利始终坐在一边，似乎从未想过要帮母亲端茶招待客人。是他不懂礼貌吗？不是，他的注意力全被母亲手中的茶碗碟子吸引住了。

他看到，母亲每次端茶时，一开始，茶碗在碟子里很容易滑动。可是，他发现当洒一点热茶在碟子里后，尽管母亲的手摇晃得更厉害，碟子倾斜得更明显，茶碗却像粘在碟子上一样，一动不动了。

"这是怎么回事呢？"瑞利边看边想，甚至忘了身边的客人。

就这样，在请客喝茶的时候，在母亲手中的碗碟之间，聪明的瑞利开始了他对物理学中摩擦力的研究。

他把和碗碟差不多的玻璃瓶放在玻璃板上，然后将玻璃板逐渐倾斜，看瓶子滑动情况，并将在玻璃板上洒水和玻璃板上不洒水进行对比试验。

经过不断地实验、记录、分析，他对茶碗和碟子之间的滑动

做出了这样的结论：茶碗和碟子看上去光洁、干净，实际上表面总留有指头和抹布上的油腻，使茶碗和碟子之间摩擦变小，容易滑动。当洒了热茶后，油腻溶解消失了，碗碟之间也就变得不容易滑动了。

在这个基础上，他又研究油和固体之间的摩擦。他指出，油对固体之间摩擦的大小有很大影响，利用油的润滑作用，可以减少摩擦。

后来，人们就根据瑞利的发现，把润滑油应用到生产和生活中去了。现在，从尖端科学实验到大型机器设备，从现代化生产到日常生活，几乎都要用到润滑油，甚至连小孩也知道润滑油的作用。这不能不感谢瑞利所作出的贡献。

瑞利从母亲手中的碗碟之间开始了对物理学的研究，后来成为著名的物理学家，并于1904年获得了诺贝尔物理学奖。

# 安全玻璃的诞生

一般情况下，每个科学发明诞生的背后都会有一个故事。这些故事也许很有趣，也可能非常不可思议，但是它们都会有一个共同点，那就是如果没有发明家的毅力、细心、勤奋，那么任何发明都不可能诞生。

安全玻璃的发明者——法国化学家别涅迪克士正是这样一个有心人。

1903年11月21日，别涅迪克士在实验室里打扫卫生。当他用掸子去掸仪器上的灰尘时，一不小心把柜顶上的几只瓶子碰了下来。别涅迪克士惊讶地发现，其中有一只瓶子竟然没有摔碎，只是上面布满了相互交错的裂纹。他觉得非常奇怪，拿着那只烧瓶陷入了沉思，想探究这究竟是怎么一回事。

他忽然想起来，这只烧瓶曾经装过硝酸纤维素溶液，现在溶液已经挥发了，只留下了一层薄膜，就好像皮一样紧紧地贴在瓶壁上。

　　别涅迪克士突然想起了几天前看到的一场车祸：一辆疾驰的小汽车翻进了深沟里，车上的乘客一个被撞死，另外两个被车窗碎玻璃片划成重伤。现场一片血肉模糊，令人惨不忍睹。

　　想到这里，别涅迪克士问自己：能不能研制出一种不会摔碎的玻璃呢？他决定认真研究一下这个从 3.5 米的高处掉下来却裂而不碎的烧瓶。

　　经过实验，别涅迪克士确定，瓶子裂而不碎的原因就在于那层柔韧而透明的硝酸纤维薄膜。于是，他反复进行实验，在两块玻

璃之间夹上一层透明的硝酸纤维素薄膜，让它们经过加热加压后黏合在一起，再做玻璃从高处落下的实验，果然，玻璃没有摔成四处飞溅的碎片，只是出现了许多裂痕。

1922年秋天，第一代安全玻璃诞生了。它广泛地用于汽车玻璃、商店橱窗上。又过了几年，美国康宁玻璃公司实验室又发明了更坚硬的用冷风来淬火的玻璃，即使用铁锤也不能敲碎它，而且即使敲碎了，也不会有锋利的尖角。近年来，随着科学技术的发展，安全玻璃的性能得到了进一步提高，成为可以抗子弹射击的"防弹玻璃"。

## 创新就蕴藏在生活的细节之中

　　小读者们，在面对一些问题时，你是否为自己没有办法而苦恼？你是否觉得自己的回答和其他同学很类似，没有自己的新意？

　　不要着急，细心去观察你的生活，不要忽视最平凡的细节，很多好主意往往就蕴藏在这些最普通的细节之中。比如说：曹冲通过细心地观察，运用浮力的原理巧妙地为大象测了体重，并让文武百官都赞叹不已。

　　很多科学中的重要发现也是如此。

　　阿基米德在洗澡时突发奇想，发现了阿基米德原理；伦琴不放过研究中的细节，发现了X射线；安全玻璃的诞生只是源于一个没有摔碎的杯子；爱迪生善于观察生活中的细节，用自己的好奇心去不断探索生活中的问题，最终成为了一名伟大的发明家。

　　这些真实的小故事都显示出了细节的重要作用。

其实，关注细节是一个优秀的思考者必备的素质。关注细节代表着你思维的严谨与缜密，代表着你面对生活的态度和解决问题的勇气，更代表着你对外界事物的理解和感知能力。

　　不要为自己没有好的想法而发愁了，也许一个好主意就躲藏在你的眼皮底下。

# 把你的思维扩展一毫米

美国有一家生产牙膏的公司，产品优良，包装精美，深受广大消费者的喜爱，在产品推出的前十年中，公司每年的营业额都逐步攀升。

不过，业绩进入第十一年，第十二年及第十三年时，则停滞下来，每个月维持同样的数字。

董事部对此三年的业绩表现感到不满，便召开全国经理级高层会议，以商讨对策。

会议中，有名年轻经理站起来，扬了扬手中的一张纸对董事部说："我有个建议，若您要使用我的建议，必须另付我5万元！"

总裁听了很生气地说："我每个月都支付你薪水，另有红包奖励。现在叫你来开会讨论，你还另外要求5万元。你这也太过分了吧。"

"总裁先生，请别误会。若我的建议行不通，您可以将它丢弃，一毛钱也不必付。"年轻的经理解释说。

"好！"总裁接过那张纸后，阅毕，马上签了一张5万元的支票给那位年轻经理。

那张纸上只写了一句话：将现有的牙膏开口扩大1毫米。

总裁马上下令更换新的包装。

原来每个人刷牙时挤出的牙膏的长度每天都差不多，但是当开口扩大1毫米时，就在不经意间多挤出了许多牙膏。这样每支牙膏用完的时间就缩短了，人们也就需要再去购买。

这个决定，使该公司第十四年的营业额增加了32%。

# 魔术大师胡迪尼解不开的锁

魔术大师胡迪尼特别擅长各种逃生魔术。这类魔术需要表演者具备沉着冷静的心理素质，以及高超的魔术技巧。

胡迪尼曾经让人把他关在一个铁箱子中，箱子外面用一把结

实牢固的铁锁牢牢锁住。更让人惊讶的是，他在进入箱子之前还让助手用绳索把自己捆了个结结实实。接着，胡迪尼示意助手把铁箱沉入水中。

紧张刺激的表演开始了，人们紧紧地盯着水面，只看见水面上冒出一阵阵的气泡。

1分钟过去了，2分钟过去了，可是还是不见胡迪尼的身影。就在人们开始担忧魔术大师的安全时，水面泛起阵阵水花，胡迪尼毫发未损地游上了岸，人群也爆发出热烈的掌声。

但魔术大师也有失手的时候。

一天，一位知名的学者找到了胡迪尼，声称他制造出了一个胡迪尼打不开的锁。胡迪尼不相信，便让学者拿来这个锁，并声称自己肯定能在60分钟内解开它。

这是一个多么复杂的锁啊！粗大的锁链，繁琐的构造，在大锁的外面还扣着一些小锁。但是胡迪尼并没有把这放在眼里，要知道他开过的锁多了去了。

　　胡迪尼很自信地让学者把自己的双手拷住，随后对学者说："等着瞧吧，60分钟内我就会把它打开的。"

　　10分钟过去了，20分钟过去了，胡迪尼只是解开了几个小锁。

30分钟过去了，40分钟、50分钟……胡迪尼依然没有解开，他的额头上冒出了汗珠。

胡迪尼想尽平生所学，又在脑海中回忆着各种锁的构造，以及自己以往开锁的经历，希望能够从中找到与这把锁相似的地方。

但是，两个小时过去了，开锁大师胡迪尼的双手依然被牢牢地拷住，最终胡迪尼放弃了开锁，他对学者说："真想不到居然被你说中了，我认输了。"

学者微微一笑说："其实你的开锁技巧已经到了登峰造极的境界，只是你并没有完全打开思维上的枷锁。"

说完，学者走上前，把锁往下一拉，"咔嗒"一声，那个牢不可破的大锁便轻而易举地被打开了。

原来，这把锁并没有锁上，它只是用"锁"的形象束缚住了胡迪尼的思维。一个最简单的动作却让问题迎刃而解。

当我们初次面临很多事情时，总会把它想得很困难。当别人说这个问题很难解决时，我们便会搜肠刮肚地寻找解决方法，但是千万别让你的思维被经验所束缚，有时最简单的方法恰恰是最有效的。

# 商人巧解强盗的难题

有这样一个故事，一个商人带着自己的货物在深山中行走，他很小心地避开险要的道路，一路倒也平安无事。

在快到达目的地的时候，商人需要经过一个树林，而这里正是强盗经常出没的地方。商人为了能尽快卖出货物，必须尽早到达城镇。于是，他推着自己的货物进入了树林。

这时，突然跳出了一个强盗，他威胁商人放下了自己的货物，并将他绑在了一棵大树上。

强盗决定在杀掉商人之前，先戏弄他一番。

他对这个商人说："我本想立即杀掉你，但在你临死之前，再给你一个机会。你说我会不会杀掉你？如果你说对了，我就放了你，决不反悔！如果说错了，我就杀掉你。"

强盗以为，商人已逃不了一死，摩拳擦掌地等待着商人最后的求饶。

聪明的商人仔细一想，便说："你会杀掉我。"听了这样的

回答，强盗愣呆了。他想："如果我把他杀了，他的回答就是对的，就应该放了他。如果把他放了，从他本意上说就是说错了，却又应该把他杀掉。"强盗没有想到自己陷入了进退两难的境地，心里对商人顿生敬佩，于是就将这个商人放了。

这是古希腊哲学家嘴边常讲的一个故事。商人的一句"你会杀掉我的"立刻就解除了眼前的困境，他真是聪明绝顶。

# 画屏上的老虎

　　著名的高僧一休从小就很聪明。但是日本的大名却并不服气，为了考察他到底有多聪明，大名给一休出了个难题。

　　一天，大名把一休叫到了府上。

"一休，我有一事相烦，你不会推辞吧？"

"什么事啊？"

大名手指客厅的一个角落。那里放着一块画屏。画屏上画着一只老虎。画得很逼真，老虎凶得好像要扑出来一样。

大名说："照实说吧，这只老虎，成了精了。每天晚上，都扑出来，在城堡里横行。一休，把它捆起来，管束管束，怎么样？"

一休听了，马上站起来说："可以！"

首先，他拿出一条毛巾，系在自己头上，还在额前打了个结，然后对大名说："我这就动手！请借我一根绳子。"

大名命令手下的家臣去取绳子。

一休拿到了绳了，就远远地退到跟画屏对着的屋角处。

"好吧，现在就开始捆，诸大名阁下和家臣们都绕到画屏后边躲躲，省得老虎扑出来伤着你们。"

大名照办了。家臣们笑嘻嘻地看着。这个小和尚要干什么呢？

一休叉开腿，拉开架式。

"喂，喂，老虎精，奉大名的命令，我要把你捆起来，即使被你吃掉我也要冒这个险。出来吧，让我们拼个你死我活。"

一休非常认真。老虎呢，当然不会出来。

"你怎么不出来？害怕了吧！"

一休这样喊了一阵以后，说："各位家臣，请你们在画屏后边吆喝吆喝，把老虎轰出来。它不出来，我没法捆啊！"

家臣们不知如何是好。大名却按捺不住了。

"你说什么，一休？画上的虎，你还想赶出来？岂有此理！"

于是，一休说："这就奇怪了。刚才大名吩咐我的时候，不是说了吗，这只老虎，每天晚上都出来乱闯。它自己都能出来，轰还轰不出来？"

"嗯……可也是。"

大家都无话可答。一休接着说："也可能是因为时间不到，它才不出来。要是这样，还是等晚上再捆吧！"

这时，大名完全服了，他对一休说道："好了，我甘拜下风。"

一休巧妙地依靠智慧，让大名说的话自相矛盾，最终化解了难题。大名倒也并不生气，还奖给一休很多礼物。

# 一封求职信

　　乔治曾在维也纳当过多年律师，第二次世界大战期间，他逃到瑞典，变得一文不名，急切地需要一份工作。

他能说能写几国语言，希望能在进出口公司找到一份秘书的工作。

但是，绝大多数公司都回信告诉他，因为正在打仗，他们不需要这类人才，不过他们会把他的名字存在档案里等等诸如此类的话。

在这些回复中，有一封信这样写道："你完全没有了解我们的生意。你又蠢又笨，我根本不需要什么替我写信的秘书。即使需要，也不会请你这样一个连瑞典文也写不好、信里全是错字的人。"

乔治看到这封信时，气得简直要发疯。面对如此的羞辱，乔治也决定写一封信，想气气那个人。但他冷静下来后对自己说："等等！我怎么知道这个人说得不对呢？瑞典文毕竟不是我的母语。如果真是如此，想要得到一份工作，就必须不断努力学习。他用难听的话来表达他的意见，并不意味着我没有错误。因此，我应该写封信感谢他才对。"

于是，他重新写了一封感谢信："你写信给我，实在让我感激不尽，尤其是在你并不需要秘书的情况下，还给我回信。我对自己将贵公司的业务弄错一事表示抱歉。之所以给你回信，是因为听他人介绍，说你是这个行业的领导人物。我的信上有很多文法上的

错误，而自己却不知道，我备感惭愧，而且十分难过。现在，我计划加倍努力学习瑞典文，改正自己的错误，谢谢你帮助我不断地进步。"

这封信发出不久，乔治就收到那个人的回信。不仅如此，他还因此从那家公司获得了一份工作。

# 藏宝图

现在，假如有人拿着一张藏宝图找到你，你会怎么办？

是按图索骥，不破解密码找到宝藏誓不罢休，还是认为这只是流浪者的伎俩，以所谓的藏宝图骗钱？

我们来看一个意大利人由此演绎出的一段财富传奇。

这个意大利人叫马丁尼，是一个室内设计师。多年前他结束一段工作后在莫斯科四处旅行。

一天，在火车上他遇到了一个俄国落难贵族，给他看了一张古地图，告诉他这张地图可以给它的拥有者带来无穷的财富和幸运，只可惜三百年来地图虽然屡易其主，但一直都无人能够破解其中的秘密，找出宝藏，反而在不断的你争我夺中染上了许多贪婪的鲜血。

这份地图最后由这个贵族的祖先拿到，并当成传家宝一代传一代。如今这名落难贵族已经穷困潦倒，所以马丁尼只花了少许代价就买下了地图。

  这张地图到了马丁尼手上，从此出现了截然不同的命运，改变了他的一生。

  马丁尼并没有拿着这张地图去寻宝，回国后，他把地图装裱在他的旅行箱上，没想到，这个创意大受欢迎，很多人来问他能不能给自己也设计一个。

　　马丁尼并没有马上答应，凭着艺术家的灵感与执著，他花了两年时间推出了一系列古地图皮具产品，包括20款皮袋及皮箱。

　　这些产品一推出立即销售一空，并风靡一时。

　　于是，他从做皮具起家，渐渐打造了一个奢侈品的时尚帝国——ALVIERO MARTINI，产品包括箱包、时装、配饰、手表、家居产品等，年营业额超过10亿欧元，品牌标志就是这张地图。

　　独辟蹊径的设计使马丁尼成为世界级设计大师。

　　如今，地图里的宝藏仍没有被发现，马丁尼却创造了地图之外的价值，这一价值让世界各国的达官显贵、明星名流为之倾倒，更让众多绅士美女以穿着或佩戴着他的地图标志为荣。

　　人的一生就是一座珍贵的宝库，每个人也都拥有一张藏宝图。你找到开启宝库的钥匙了吗？

# 铁棒磨成针的逆向思考

　　有个人不小心弄丢了针，实在找不到了，他突然看到家中放着的一根铁棒，于是，他突发灵感，拿着铁棒来到河边，找了块石头，很起劲地磨了起来。

　　有一个路人从河边经过，看到他正在磨那么粗的一根铁棒，便很奇怪地问他想做什么，他抬起头说："我的针丢了，我要将这根铁棒磨成针。"

　　路人说："这么粗的铁棒你要磨到何年何月啊？"

　　他却说："只要工夫深，铁杵磨成针。"路人一下子被震撼了，不由得被这个人的执著精神感动了。

　　路人回去后，便将这个人要将铁棒磨成针的事情，向其他人绘声绘色地讲了。人们都对这个人肃然起敬。一下子，这个人出了名，成了人们学习的榜样。许多人专程从很远的地方跑到河边看他，还不停地为他打气。这个人便更得意，磨得也更起劲了。

许多家长借此机会将孩子带到河边，指着磨铁棒的人说："看看人家，多么有恒心。"孩子们则似懂非懂地看着满头大汗的磨杵人。

这个人磨铁棒的事越传越远，甚至还有人把他的事迹编成戏曲到处传唱。事情很快传到一个智者的耳朵里，他沉思良久，决定亲自去见见这个磨铁棒的人。

智者来到河边，从身上拿出一根针，要换这个人的铁棒，这个人愤怒了，他站起身来吼道："我凭啥要换给你？你一根小小的针，居然想换我这根铁棒，你不知道我正在磨针吗？"

智者摇了摇头道："那我就不明白了，你无非是需要一根针，我用针和你换，你为何又不愿意呢？"

这个人的脸一下子红了。智者继续说道："你所做的，无非就是一件像针一样小的事情，放着现成的针不用，却非要耗费精力和时间，把一根好好的铁棒浪费掉，这样做值得吗？"

这个人的脸更红了。

智者说："记住，当你只是需要一根针时，千万不要去磨铁棒。"

# 用不寻常的视角
# 去观察寻常的事物

看见了熟视无睹的东西，并用从未尝试过的视角去考察它，也许你就做到了创新。

创新思维就是用不寻常的视角去观察寻常的事物，使得事物显示出某些不寻常的性质。看看下面的小故事是否让你有所思考，有所感悟。

一个食品加工商租船从外地采购了大量的蔗糖和面粉，在返回的大海上遇到了强风暴雨。结果，所有的蔗糖和面粉被淋得透湿，成了糖稀和面糊。

面对突来的厄运，货主一时愁得吃不下饭、睡不着觉。可他并不甘心，寻思着这些糖和面还能派上什么用场。就在这时，他看到船主在烤铁板鱿鱼。看着一片片鱿鱼在铁板上被烤成奇香四溢的佳肴，他突发奇想：这些糖稀和面糊能不能烤成一种奇特的食品呢？

当船主烤完鱿鱼，他马上把糖稀面糊的混合物放在灼热的铁板上——奇迹出现了，这些经过雨水浸泡而有些发酵的混合物，很快烤熟并意外地膨化开来。拿起一尝，这个正苦于开发不出新产品的食品加工商激动地跳了起来……

从此，世界上多了一种酥甜可口、风味独特而便于储运和携带的新式食品——饼干。

还有这样一个故事。

多年前，有一家酒店的电梯不够用，打算增加一部。于是请

来了建筑师和工程师研究如何增设新的电梯。专家们一致认为，最好的办法是在每层楼都打个大洞，直接安装新电梯。方案定下来之后，两位专家坐在酒店前厅高声商谈工程计划。他们的谈话恰巧被一位正在扫地的清洁工听到了。

清洁工对他们说："每层楼都打个大洞，肯定会到处尘土飞扬，弄得乱七八糟。"

工程师瞥了清洁工一眼说："那是在所难免的。"

清洁工又说："那可不行，关门一段时间，别人还以为酒店倒闭了呢。再说，那也影响收益呀。"

"我要是你们，"清洁工不乐意地说，"我就会把电梯装在楼的外面"。

工程师和建筑师听了后，相视片刻，不约而同地为清洁工的这一想法叫绝。于是，便有了近代建筑史上的一个伟大变革——把

电梯装在楼外。

内行往往很难跳出圈外或站在外行的角度去思考问题，他们习惯性地受制于"行规"和逻辑思维，却常常自缚手脚甚至钻牛角尖。他们少了许多幻想，也就失去了很多创新的机会。

## 辩证看问题，打破思维的束缚

有句名言是这样说的："一千个读者心中有一千个哈姆雷特。"

的确，相同的事物在不同的人眼中，往往会得到不一样的结果，这正是观察角度的不同造成的。思考问题也是如此，如果我们只盯着一个角度、一个方面去看，往往容易钻牛角尖，即使对这一方面的很多细节都思考到了，也难以有所突破。这时，不妨换一个角度去看问题。

胡迪尼是著名的魔术表演大师，世界上似乎没有他打不开的锁。但恰恰是一把没有上锁的锁，难倒了魔术大师。是胡迪尼能力不够，经验不足吗？不是，胡迪尼没有解开的不是智者制作的锁，而是自己的心锁。简而言之，胡迪尼拘泥于以往的经验，而忘记了换个角度去看待问题。

再比如说那个被强盗劫持的商人，他在生死关头主动要求强盗杀掉他，这种反其道而行之的思维方式却获得了奇效。

所以，我们不光要学会坚持，更要懂得何时该放弃；我们不光要有解决难题的决心，更要有多方面辩证思考的能力。

　　小读者们，当你遇到一个新问题时，你是否总想着用以往的思路来解决它？你的思维又是否被以往的经验束缚了呢？

　　不妨换个角度去看吧，别人的指责也许是我们提升自己的机遇；不起眼的事物也许会有超越常规的用途。

　　不知聪明的你是否发现，创新其实就在转念之间。

# 小画师巧画国王

　　古代有一个国王，他身上有两处残疾：有一只眼是瞎的，还有一条腿是瘸的。

　　有一次，这个国王心血来潮，让宫廷画师给自己画像。第一位画师是个老实人，他规规矩矩地画出了国王的本来面目——又瞎

又瘸。

国王看后不禁怒从心起："这个可恶的画师竟敢把我画得如此丑陋，真是该杀。"

于是，这个老实本分的画师被杀掉了。

国王仍不甘心，便又找了第二个画师来给他画像，这个画师知道了前边那个同行的悲惨结局，再也不敢照实描绘国王的缺陷了。

他在画布上画了一个双眼明亮、两腿健全的国王，心想这下国王该满意了吧，不曾想国王一见画像大发雷霆，骂道："你这该死的东西！这难道还是我吗？"

结果，第二个画师也没有逃脱被杀害的命运。

这下国王的画师们都不敢再给国王画像了，没想到有个小画工自告奋勇地说他要给国王画像，这下可把画师们着实地吓了一跳。

小画工画啊画啊，终于把国王的肖像画完成了。国王一见画像，紧绷的脸变得柔和起来，最后他笑了，直夸小画工聪明。

原来，这个机灵的小画工既没有像第一个画师那样把国王的缺陷完全表现在画布上，也没有像第二个画师那样不顾实际妄加涂彩。

　　机灵的小画工画的国王是这样的：侧身骑在马上，残缺的那条腿隐在马鞍的后面，双手举着猎枪，眯着一只眼在瞄准，而这只眼正是那只瞎眼。

　　这样一安排，画面上便出现了一个英姿勃发、骑马打猎的国王，看不出任何缺陷，可谁也不能说他像第二个画师那样改变了国王的本来面目。

　　那个挑剔的丑陋国王这次也毫不吝啬地奖励了那个小画工。

# 释放出你的潜能

一位美国人最初靠养猪为生，第二次世界大战爆发后，他偶然得到一个消息：前线作战部队需要大量的脱水蔬菜。他立即向银行贷款，买下了当时美国最大的两家蔬菜脱水工厂，专门生产供部队用的脱水土豆。

过了两年，纽约一位化学师研制出了冻炸土豆条，买下脱水蔬菜工厂的美国人认定这是一种很有潜力的军需产品，果断买断了化学师的生产技术，大量生产炸土豆条，果然一炮打响。

然而，炸土豆条的工艺也有缺点，每个土豆只能利用一半，其他的都被当做废料扔掉了，浪费十分惊人。那位美国人在剩余的土豆里拌入谷物用来做牲口的饲料，饲养了前线十五万匹军马。前线部队有数以百万计的车辆，每天消耗的汽油量也非常可观，他又抓住这一良机，用土豆来制造以酒精为基础的燃料添加剂，效果非常好。

　　与此同时，那位美国人用土豆加工过程中所产生的含糖量丰富的废水灌溉当时的农田，把土豆喂养战马所产生的马粪收集起来，作为沼气发电厂的材料。整个二战中，他的土豆系列产值超过了10亿美元，利润超过了6亿美元。他就是被称为"土豆富翁"的辛普洛特。

　　对于一个小小的土豆，辛普洛特开发到了极致。正是这种决不浪费的理念，极大地拓展了辛普洛特的事业。

　　人有时其实就像一颗土豆，有的能力像土豆心可以做大一点的用途，有的能力像土豆皮只能干相对较小的事情。我们应该充分开发、利用它们，把每一种主要的能力都转化成人生实实在在的成就，让生命在多个方向实现突破。

# 敢于对权威说"不"

著名的物理学、天文学家伽利略，1564年生于意大利的比萨城，在著名的比萨斜塔旁。

伽利略的父亲是个破产贵族。当伽利略来到人世时，他家里已经很穷了。但是，年幼的伽利略对学习很感兴趣，不放弃任何的学习机会，他曾师从利玛窦学习几何学。这都为他日后取得的巨大成就打下了基础。

自由落体问题，人们很早就注意到了。在伽利略之前，古希腊的亚里士多德的学说认为：物体下落的快慢是不一样的。它的下落速度和它的重量成正比，物体越重，下落的速度越快。比如说，十千克重的物体，下落的速度是一千克重的物体的十倍。

一千七百多年来，在书本里，在学校的讲台上，一直把亚里士多德的学说当做圣经来讲述，教会也只认准亚里士多德的这一观念，没有任何人敢去怀疑它。

年轻的伽利略没有被这个庞然大物吓倒。他根据自己的经验

推理，大胆地对亚里士多德的学说提出了疑问。他想，同样是一磅
重的东西，自然以同样速度下落。但是，如果把两个一磅重的东西
捆在一起，或者把一百个一磅重的东西捆在一起，那么根据亚里
士多德的学说，它们下落的速度就会比一磅重的东西快一倍或者
九十九倍，这可能吗？他决心亲自动手试一试。伽利略选择了比萨
斜塔作试验场。

有一天，他带了一个用铁铸成的球和一个用石块打磨的球，

登上了斜塔。塔下，站满了前来观看的人，他们都等着看伽利略自取其辱。

大家议论纷纷，有人讥笑他："这个青年一定是疯了，让他胡闹去吧！"

"亚里士多德的理论还会错吗！"

这时，只见伽利略出现在塔顶，两手各拿一个球，大声喊道："下面的人看清楚啦，球体要落下去了。"

他把两手同时张开。人们看到，两个球平行下落，几乎同时落到了地面上。那些讽刺讥笑他的人目瞪口呆。

伽利略也依靠这个著名的实验，第一次明确提出了自由落体运动的规律，即不同重量的物体从相同高度下落时的速度是一致的，落地时间也是相同的。

除此之外，伽利略还用自己发明的望远镜证明了地球是绕着太阳不断运动的，太阳自身也在运动。由此驳斥了当时教会支持的"地心说"观点，这也需要很大的勇气。最初提出这个学说的布鲁诺就被烧死在了教会的火刑架上。伽利略坚持自己的判断，在权威和世人的嘲笑面前不为所动，这种自信和对自己学说的坚持是一个伟大的思想家必备的素质。

# 为梦想执著追求

诺贝尔从小就受喜欢做化学实验的父亲的影响。

有一次，小诺贝尔看见父亲在研制炸药，就睁大圆溜溜的眼睛问："爸爸，炸药伤人，是可怕的东西，你为什么要制造它呢？"

爸爸回答说："炸药可以开矿、筑路，许多地方需要它呢！"

诺贝尔似懂非懂地点点头，说："那我长大以后也做炸药。"

诺贝尔长大后时刻牢记着自己儿时的梦想，并在炸弹研究中获得了很多突破。

但在实验室试制炸药时，有一次发生了大爆炸，当场炸死了5个人，其中包括诺贝尔的弟弟，他的父亲也受了重伤。这个事故发生后，周围居民十分恐慌，强烈反对诺贝尔在那里制造炸药。

诺贝尔没有被这次爆炸吓倒，他把设备转移到附近的马拉湖，在船上继续他的试验。后来几经波折，他在一个叫温特维根的地方找到一处新厂址，在那里建立了世界上第一个硝化甘油工厂。

可是各种困难又一次次地找上了他。诺贝尔制造的硝化甘油，经常发生爆炸：美国的一列火车被炸成了一堆废铁；德国的一家工厂，全部成了一片废墟；一艘海轮，船沉人亡。

这些惨痛的事故，使世界各国对硝化甘油失去了信心，有些国家下令禁止制造、贮藏和运输硝化甘油。诺贝尔也曾怀疑过自己的发明是否真的能够给世人带来便利，但他想到如果就此放弃，那么以前的所有尝试就全部白费了，他必须坚持下去！不解决硝化甘油不稳定的问题，他决不罢休。

经过多次反复试验，他终于发明了用一份硅藻土（一种名叫硅藻的极小的生物壳堆积而成）吸收三份硝化甘油的办法，第一次制成了运输和使用都很安全的工业炸药。诺贝尔再接再厉，又把发明的成果向前推进了一步，用火棉和硝化甘油发明了爆炸力很强的胶状物——炸胶；再把少量樟脑加到硝化甘油和炸胶中，制成了无烟火药。

安全炸药发明后，马上被广泛地用于开矿，筑路等方面。炸药的产量大幅度上升，诺贝尔的财源也滚滚而来，但诺贝尔的生活还是十分俭朴。为了研究，他甚至一生都没结婚。

　　在去世前一年，诺贝尔留下遗嘱，将遗产的一部分创办科研所，另一部分作为奖励基金，颁发给每年在物理学、化学、生物学、医学、文学与和平事业（1968年又增设了经济奖）等领域作出杰出贡献的人。人们把获得诺贝尔奖金，看做一种极大的荣誉。

# 执著与放弃

深山古刹前，一个身心俱疲的年轻人对一位高僧说："我分不清什么时候该执著，什么时候该放弃，结果常常陷入犹豫不决的矛盾中，常常做错事，常常后悔。我不愿再后悔，所以想出家。"

高僧说："寺庙是静修之地，不是逃避之所。如果你抱着这样的心态来出家，只能说明你尘缘未了。"

年轻人求高僧指点迷津。

高僧带他来到寺庙后院的花园里，指着一只蜘蛛说："这是什么？"

年轻人说："蜘蛛。"

高僧说："你用指头捣破它的网。"

年轻人小心翼翼地伸出指头，勾破了蜘蛛的网。他发现蜘蛛呆了一下，就迅速逃走了。但不久，蜘蛛又回来把网补上了。年轻人再次把网弄破，但蜘蛛不久又把网补上了。

高僧问他："你明白了吗？"

　　年轻人说："我明白什么叫'执著'了。但什么时候该放弃呢？"

　　高僧又指着屋檐下的一个燕子窝说："这是什么？"

　　年轻人说："燕子窝啊。"

　　高僧说："假如这燕子窝垒的不是地方，影响了人的出行，人们就会把燕子窝捣毁，那燕子该怎么做？"

年轻人说："那肯定要换一个合适的地方垒窝了。"

高僧说："对，如果燕子还在原地坚持垒窝的话，它永远都不可能有一个平安的家。"

年轻人顿悟：如果导致失败的是化解不了的矛盾，那最好的办法应该是避开矛盾，换一个地方东山再起。

年轻人告别高僧，迈着轻快的步子下山了。

# 华罗庚挑战权威

20世纪20年代的一天，江苏省金坛县一所中学的初二班正在上数学课。老师讲了课本上的内容后说："现在，我出一道有趣的题给大家做。"

同学们惊奇地看着老师。

"这是道难题，大家仔细听好了！"

老师道，"今有物不知其数。三三数之剩二，五五数之剩三，七七数之剩二，问物几何？"

谁知老师的话才讲完，一个学生就站起来回答："是23。"

"啊！"老师十分惊讶，"解开这道难题，需要用到'孙子定理'，你学过这个定理吗？"

学生说："我没学过这个定理。我是这样算的：一个数，3除余2，7除也余2，那必是21加2。21加2等于23，不刚好是5除余3吗？"

这个在数学方面表现出过人天赋的学生，就是以后成为著名数学家的华罗庚。

华罗庚读小学时成绩一般。进入初中后，他在数学老师的鼓励和帮助下，开始自学数学，一有空便钻到数学书里，自学的内容已经远远超出普通中学的范围了。

华罗庚遇事独立思考，不管对什么事、什么人，绝不盲从和迷信。他认为正确的就坚持，错误的就反对，不怕得罪人。

在初中读书时，有位老师很崇拜胡适，他把个人收藏的胡适著作一一分给学生，要学生看后写篇感想。华罗庚分到的是胡适自己最得意的《尝试集》。其中有首诗：

"'尝试成功自古无'，放翁这话未必是。我今为下一转

语，‘自古成功在尝试’。”

　　华罗庚边读边想，他认为陆游“尝试成功自古无”中的“尝试”，与胡适“自古成功在尝试”中的“尝试”含义不一样；而胡适是用自己的概念否定别人的概念，是犯了偷换概念的逻辑错误。

　　他把这一想法写出来交给老师，老师大为光火，将这个胆敢冒犯文化权威的学生列入“劣等”。华罗庚也并不因为得罪了老师而对自己的上述态度有丝毫改变。

他对数学的刻苦钻研，更使他在这方面勇于创新，勇于挑战权威。在初中时，他曾经试着去证明世界难题——费马定理，虽然他没有成功，却也说明了他敢创新、敢攀登的志向和勇气。

在上海中华职业学校时，他又因为坚持用自己创造的方法去解答数学题，被老师在课堂上训斥了一刻钟，但他依然我行我素。

1928年，18岁的华罗庚看了当时数学界权威苏家驹在《学艺》杂志上发表的一篇论文。他经过运算认为这位教授的解法是不对的，就写了他的第一篇重要论文《苏家驹之代数的五次方程式解法不能成立之理由》，向鼎鼎有名的数学家苏家驹提出了挑战。

论文寄给了上海的《科学》杂志。该杂志由中国著名数学家熊庆来组织的中国科学社主办。熊庆来对论文深为赞赏。华罗庚也因而被熊庆来邀请到清华大学数学系工作。这是华罗庚一生中的重大转折。

1936年，华罗庚由清华大学推荐到英国剑桥大学深造。

1949年新中国成立时，华罗庚已被伊利诺大学聘为终身教授，拥有令人羡慕的地位待遇，可他毅然放弃了这一切，想方设法，以去英国讲学为名，取道欧洲，横穿地中海，渡过印度洋，返回了祖国。

# 长袖变短袖

老汤下岗后，托人贷款在洪城大市场租了间店面，准备开服装批发部。

作为他的老邻居，我带他到广州进了两千件棉T恤，不到十天。老汤的货全部卖空。老汤迅速南下，又购进第二批。这次，老汤进了五千件货。一个礼拜，五千件T恤又销空了。这次成功给老汤注射了一针兴奋剂。老汤来了干劲，搓着手向我借款，说他准备再订购一万件。

我吓了一大跳，再三提醒："南昌气温一天比一天高，凭经验推断，这种长袖T恤到四月底就滞销。现在已经是四月份，厂家生产还得四五天，从广州运到南昌要两天。就是说，销售所剩时间已经很少。一旦积压，不仅资金周转不了，接下来，生意也无法维持。"

老汤根本听不进去："别找那么多理由，这钱你借还是不借？"

我只好从抽屉里找出存折，借给他几万元。一个星期后，楼上楼下堆满了白色棉T恤。

正如预料的那样，四月底还未到，长袖棉T恤销售气数便尽，各色各样的短袖T恤塞满每家店面的货架。行情变化如此之快，连我这商海"老手"也猝不及防。

我料定老汤这次要栽了，匆匆赶到他的批发部，准备帮他处理积压货。一万件不是个小数目，何况我还有一半资金压在里面。

我告诉他："我每次压货都是马上处理掉，时间一长，亏损更是无法估计。"

老汤不以为然，还信誓旦旦地保证：一个月之内就还钱。我只好继续忍耐，眼睁睁地等待他食言。

一个月没到，老汤提着烟酒来我家。我以为他来向我道歉。

他屁股还没碰到沙发，就从怀里掏出几沓百元大钞。

我很意外："老汤，T恤都卖完了？"

老汤得意地点点头，说："卖完了，一件不剩，还赚了一点呢。"

老汤说，他把积压下来的长袖T恤返回厂家，要求厂家加工成短袖，染成市面流行的颜色，重新投放市场，滞销货立即变成紧俏货。

## 有了好主意，请大声说出来

　　小明本来有一个好主意，但在面对其他同学的反对时，他放弃了自己的想法；小李相信自己的想法是正确的，但又与老师或者其他的权威人士的观点不符，于是就听从了别人的意见……这些事情其实常常发生在大家的生活中。

　　小读者们，你们是否遇到过这样的情况呢？

　　这里编者要提醒小读者们，当你相信自己的思考正确时，不妨大声地说出来。勇敢表达自己的想法在某些时候比拥有一个聪慧的大脑更加重要。

　　大科学家伽利略敢于挑战教会的权威，敢于直接反驳希腊先贤亚里士多德的观点，最终让人们认识到了自由落体运动，打破了错误的"地心说"的统治，对人类科技文明的进步起到了巨大的推动作用。

　　华罗庚在上学时坚持自己的想法，即使在老师面前也毫不让步；在长大后，又敢于质疑数学界的权威，敢于挑战费马大定理这样的世界难题。这都印证了那句名言："我爱我师，但我更爱真理。"

　　坚持自己的想法，首先需要你勤学、深思，只有这样你才能确信自己的观点是否正确；坚持自己的想法，同时需要你在关键的时刻勇敢地站出来，大声说出自己的想法；坚持自己的想法，也许有时会受到他人的误解与嘲弄，但唯有坚持，你才能证明自己思考的价值，你才能让之前的思考过程不会因为软弱而付诸东流。

　　小读者们，有了好主意时，不要犹豫，大声说出来吧。

# 幽默也是一种创新

美国前总统里根，在任初期，有一次被枪击中，身负重伤，子弹进入了胸部，情况危急。

在生死攸关的时刻，里根面对赶来探视的太太所说的第一句话竟是："亲爱的，我忘记躲开了。"

美国民众得知总统在身受重伤时仍能保持幽默本色，相信康复应该指日可待。他的幽默稳定了因受伤而可能产生的动荡局势。

发生事情的好坏不重要，重要的是从哪个角度去看待。

英国首相威尔逊，有一次外出去演讲。

在刚刚进行到一半时，台下突然有个捣乱分子高声打断了他："狗屎！垃圾！"

威尔逊虽然受到了干扰，但他情急生智，不慌不忙地说："这位先生，请少安毋躁，我马上就会讲到你所提出的关于环保的问题。"

全场人不禁为他的机智反应鼓掌喝彩。

控制自己的情绪，才能掌握自己的未来。

英国首先丘吉尔是世界著名的外交大师。

一次，丘吉尔在公开场合演讲，从台下递上一张纸条，上面只写了两个字"笨蛋"。

丘吉尔知道台下有反对他的人等着看他出丑，便神色从容地对大家说："刚才我收到一封信，可惜写信人只记得署名，忘了写内容。"

丘吉尔不但没有受到不快情绪的控制，反而用幽默将了对方一军，急中生智，用幽默化解了尴尬，实在是高！

在生活中遇到尴尬的困境时，我们不妨想想用幽默的方式去化解，也许会收到很好的效果。

# 把卖鱼当成一种艺术

有一次，英国游客杰克到美国观光，导游说西雅图有个很特别的鱼市，在那里买鱼是一种享受。和杰克同行的朋友们听了，都觉得好奇。

那天，天气不是很好，市场上也鱼腥味刺鼻，但鱼贩们欢快的笑声却仿佛告诉人们这是一个乐园。

只见他们面带笑容，像合作无间的棒球队员，让冰冻的鱼像棒球一样，在空中飞来飞去。

大家互相唱和："啊，5条鳍鱼飞明尼苏达去了。"

"8只螃蟹飞到堪萨斯。"

这是多么和谐的生活，充满乐趣和欢笑。

杰克问当地的鱼贩："你们在这种环境下工作，为什么会保持愉快的心情呢？"

鱼贩说，事实上，几年前的这个鱼市场本来也是一个没有生气的地方，大家整天抱怨，后来，大家认为与其每天抱怨沉重的工

作，不如改变工作的品质。

于是，他们不再抱怨生活，而是把卖鱼当成一种艺术。

再后来，一个创意接着一个创意，一串笑声接着一串笑声，他们成了鱼市中的积极快乐的榜样。

鱼贩说，大伙练久了，人人身手不凡，可以和马戏团演员相媲美。这种工作的气氛还影响了附近的上班族，他们常到这儿来和鱼贩用餐，感受他们快乐工作的好心情。

有不少没有办法提升工作士气的主管还专程跑到这里来询问："为什么整天在这个充满鱼腥味的地方做苦工，你们还这么快乐？"

他们已经习惯了给这些不顺心的人排疑解难，"实际上，并不是生活亏待了我们，而是我们期求太高以至忽略了生活本身。"

有时候，鱼贩们还会邀请顾客参加接鱼游戏。即使怕鱼腥味的人，也很乐意在热情的掌声中一试再试，意犹未尽。

每个愁眉不展的人进了这个鱼市，都会笑逐颜开地离开，手中还会提满了情不自禁买下的鱼，心里似乎也会悟出一点道理来。

# 不完美的独特

你是否还在花时间为"自己的进步"而忙碌、忧虑？如果是这样，可要注意，不要为了大量制造"完美"而扼杀了自己的个性。

一天下午，我走进东京郊外的一家陶器店，碰巧遇见一个制陶工停下手里的活，在检查产品质量。

我在店里转了转，然后请出店主，和她攀谈起来。店主告诉我的第一件事是：制陶工根本无法预料窑里的陶器烧出来是什么样子。

她说："每次开窑的感觉有点像圣诞节的早晨：有时候能收获很多精美的礼物；有时候天气的剧烈变化会导致窑内多数陶器爆裂，因此只能收获一窑炉灰。"

烧制陶器的迷人之处就在于无法预料结果，又会有意外的惊喜。店主说："制陶会让人保持谦恭，学会顺从并接受未知事物。"

接下来，她给我讲了陶器的设计和功能。对很多制陶工来

说，主题很重要。

她说："好看不好用的陶器没有意义，好用不好看的陶器也没有意义。"

我决定要买，于是挑选出三件陶器，摆上柜台，请店主逐一点评。

她说："陶器上总会留有无法避免的瑕疵。我就通过你感兴趣的几件陶器，谈谈自己的看法。"

"请看第一件，釉料厚度内外不均匀。我尝试用各种办法进行抛光，可惜釉料太硬了，效果不理想。"

"然而，正是釉料的不均匀，使得这件陶器极富情趣，色彩

层次富于变化。"

"接下来，这只碗形状并不圆润。我身材瘦小，在旋盘上做这么大的陶器可不是件容易事。其实这是我目前能做的最大的陶器。我喜欢做一些这种规格的陶器，这些碗可以测出我到底能做多大的陶器。制作过程中碗变得不圆润会让我紧张，这正是这件陶器吸引我的地方。"

"最后，你会发现第三件陶器要比前两件便宜得多。"

"这件陶器做工精美，可是我觉得它'太完美了'，看上去像是机器做出来的。因此价格便宜很多。"

　　她又拿着这个陶壶继续说道："这把壶造型圆润，无可挑剔，釉料遍布整个壶身，却因此失去了与众不同的独特之处。我太熟悉这种壶的做法了，所以已经不再制作这种形状和规格的陶器。这些壶完美无缺地摆在面前，会让人觉得壶的灵魂已经丢在了窑里。"

　　与店主的对话让我有了很多思考，我们的不完美之处恰恰也是我们的独特可爱之处。

# 伟大的发现

1953年，英国的《自然》杂志刊登了美国年轻的生物学家沃

森和英国年轻的物理学家克里克的合作研究成果：DNA双螺旋结构

的分子模型。这一成果后来被誉为20世纪以来生物学方面最伟大的发现，标志着分子生物学的诞生。

1951年春天，23岁的沃森在一次生物大分子结构会议上，得知英国著名生物物理学家维尔金斯正在进行DNA结构的研究，他的一张用X射线衍射DNA的幻灯片，给沃森留下了极其深刻的印象。

当年秋天，沃森从美国来到英国剑桥大学卡尔迪什实验室工作。在这里他遇到了英国物理学家克里克。他们都被DNA结构之谜强烈地吸引着，于是他们决定对这个富有挑战性的课题进行共同研究。

当时，除了沃森和克里克在致力于这项研究以外，还有几个研究小组也在进行着DNA结构的分析工作，他们都试图建立起DNA的分子模型。

他们都热衷于这项研究工作，于是在科学研究中展开了激烈的"竞赛"。最后，两位年轻人——沃森和克里克取得了胜利。

沃森和克里克在剑桥大学相遇后，一位是生物学家，一位是物理学家，两位学者在一间办公室工作，一起讨论学术问题，这无疑开阔了他们的思路，也更加丰富了他们的科学想象力。两个人互相补充，互相批评，让思维的火花不断碰撞，并由此激发出双方的灵感。这也是他们取得成功的一个重要原因。

　　另外，要想很快地建立DNA结构模型，应该充分借鉴其他科学家已取得的分析数据。他们在分析其他学者在这方面取得的数据和研究成果的基础上，一次又一次地建构模型，克服了一个又一个困难，最终取得了成功。

　　他们默契配合发现DNA双螺旋结构的过程，成为科学家合作研究的典范，在科学界传为佳话。

# 妙用劣势

杨格是美国新墨西哥州高原地区苹果园的经营者，是一位创新意识很强的人。每年的收获季节，杨格将上好的苹果装箱发往各地时，苹果箱上都印有与众不同的广告："如果您对收到的苹果不满意，请您函告本人。苹果不必退回，货款照退不误。"这种广告具有巨大的吸引力，加上高原苹果味道甜美，深受顾客的青睐，每年都吸引大批买主。

可是，有一年高原上突然下了一次特大的冰雹，把结满枝的大红苹果打得遍体鳞伤。这时候，苹果已经订出了9000吨。面对这伤痕累累、创伤严重的满园苹果，怎样才能避免惨重损失，走出绝境呢？

杨格来到苹果园，心事重重地踱着步子，踩得落叶沙沙作响。他俯下身来拾起一个打落在地的苹果，揩了揩粘上的泥，咬了一口，意外地发现，被冰雹打击后的苹果，清香扑鼻，酣甜爽口。

这时，一个绝妙的主意跳入了他的脑海。他果断命令手下集

中力量，立即把苹果发运出去，同时在每一个苹果箱里都附上一个简短的说明："这批苹果个个带伤，但请看好，这是冰雹打出的疤痕，是高原地区出产的苹果的特有标记。这种苹果，果紧肉实，具有妙不可言的果糖味道。"

收到苹果的买主们半信半疑，尝了带有伤疤的苹果，发现味道特棒，真是高原苹果特有的味道。

从此，人们更青睐高原苹果，甚至还专门要求提供带疤痕的苹果。

# 掷花大战

著名的国画大师张大千对毕加索非常崇敬。

有一次，张大千来到巴黎郊外的坎城，他执意要会见毕加索。出发前，朋友婉转劝他：你要考虑毕加索的脾气，他的为人和他的作品一样古怪；你也要考虑自己的身份，他代表西方，你代表东方，万一吃了闭门羹，岂不令整个东方人失掉颜面！

张大千不在乎颜面，他在乎机会。同时他也很在乎毕加索对后生晚辈的忠告："你自己就是太阳，你胸中有着万道光芒，除此之外则一无所有。"是的，胸中既然汇纳万道金光，面对仰慕已久的大师，岂有不敢叩门之理！

毕加索并不像人们传说的那么倨傲，那么不可接近，相反，他听说中国画家张大千专程来访，很爽快地答应接见。

两天后，毕加索在他的私宅隆重招待东方贵客。宾主就座，寒暄既罢，毕加索让秘书抱出大批中国画习作，那都是模仿齐白石的，请张大千批评指点，看得出，他也很珍惜这次切磋。

张大千一张张地翻阅，他暗暗吃惊：眼前的画，不但风貌酷似白石，其中有若干幅，几可乱真。东方离西方有多远，中国画离西洋画又有多远，毕加索为了博大、丰盈自己，竟然兼收并蓄，不遗余力。这是什么？这才叫大家，真正的大家！难怪他能独步西方画坛，引发一场又一场的"创新地震"。

　　当然，毕竟是余力，又是余兴，毕加索先生与中国画之间还

存在一定隔膜，比如他对毛笔的掌控，尚没有达到出神入化、得心应手的境界。

张大千现身说法，为主人表演毛笔的技艺，诸如何谓笔法，何谓墨法，何谓焦、浓、重、淡、清，何谓阴阳、明暗、干湿、远近、高低、上下，等等。毕加索在一旁垂手肃立，全神贯注。蓦地，他领悟了，领悟之后又有新的彻悟，但见他转身面对张大千，近乎神经质地吼道："我实在不明白，你们如此聪慧的中国人，为什么还要跑到巴黎来学艺！"毕氏的右手向半空夸张地劈去，头顶稀疏的银发直欲根根竖起。

宾主转而就东西方绘画，展开热烈而深入的探讨；谈得兴浓，毕加索又亲自搬出他平生的得意之作，请张大千品评。这回轮到张大千感悟了，感悟了又激动了。张大千的激动是东方式的，流露为一句由衷的赞叹，一丝心折的微笑，一阵无言的低回。两位大师在心灵的对话中渐渐臻于默契。

餐后，毕加索邀张大千到花园散步。这是他灵感和智慧的伊甸园，通常是不许旁人涉足的。今天，毕加索兴致特高，走着，谈着，谈着，走着，他突然撇下客人，纵身跳进喷泉左侧的一丛玫瑰中去，拣枝头最大最艳的花，摘下数朵，然后，趁张大千不备，连花夹叶劈头向他砸去。张大千一怔，随即省悟，他连忙趋近喷泉右

侧的一簇杜鹃，弯腰摘花还击。于是乎，投之以木瓜，报之以琼瑶，花园展开了一场"掷花大战"。鲜葩岂是无情物，在佛陀眼里它象征境界，在恋人眼里它代表爱情，在毕加索和张大千，则代表着相互欣赏，互相肯定。

# 两颗行星的交谈

印度诗人泰戈尔与德国物理学家爱因斯坦1930年首次在德国会面，他们共会面4次，时间都在1930年到1931年之间。当时两人都已是诺贝尔奖得主，泰戈尔获1913年度文学奖，爱因斯坦获1921年度物理学奖。

有人在聆听了两位巨匠的谈话后，将泰戈尔形容为"具有思想家头脑的诗人"，把爱因斯坦形容为"具有诗人头脑的思想家"，并说他们的对话"好似两颗行星交谈"。

1930年7月，42岁的爱因斯坦邀请70岁的泰戈尔到其柏林郊外的乡居做客。泰戈尔在一篇文章中这样描写比他小一辈的科学家："他的满头白发，他燃烧的眼睛，他的热情态度，又使我深深感到这位抽象性研究几何与数学法规的科学家充满人情味。"

他又说他对爱因斯坦的真诚坦率有特别深刻的印象："他毫不拘谨，毫无智力非凡者的傲慢。我的印象是，他像是个重视人情关系的人，他显然对我具有真正的兴趣与了解。"

  当时在场的爱因斯坦的亲戚马里安诺夫曾写了一篇题为"爱因斯坦与泰戈尔探究真理"的报道，发表在1930年的一期《纽约时报杂志》上。

  虽然同是诺贝尔奖得主，诗人与科学家之间无论在国籍、宗教、文化背景、职业、嗜好、意见等方面都有不同，但是他们对彼此的成就充满好奇。他们同样爱好音乐，都在探索真理。他们的对话洋溢着两人对哲学、对人类创造能力的深切了解。泰戈尔是位多产的诗人、剧作家、小说家和散文家，而作为科学家的爱因斯坦也

表现出他对文学的兴趣。

他们在一个月后再度在柏林相会并拍摄了一张合照——泰戈尔白发长须，爱因斯坦则蓄着八字须。在这次谈话中，他们讨论了家庭生活、德国青年运动，以及"偶然机会"与"预先确定"之间的相互作用。这样的讨论，把话题转向印度音乐与西方古典音乐的不同。泰戈尔相信人性具有一种可伸可缩的因素，他把印度音乐的自由奔放与西方音乐的拘谨相比，认为一个印度歌唱家可以根据个人创造特性，随着他的艺术良心的引导而任意变化。泰戈尔与爱因斯坦都同意，要分析东西方音乐对人类头脑的影响并不容易，正如泰戈尔说他自己也深受西方音乐感动。

东西方两位巨匠用他们的高度智慧，他们之间的科学性与哲学性的辩论，探讨着没有国际界限的世界真理。他们的个人友谊，无疑也增强了他们交换意见的价值。

孔子曾经说过："三人行必有我师。"古人也曾说过："闻道有先后，术业有专攻。"一个人的知识是有限的，一个人所擅长的领域也是有限的。在交流中让思想碰撞出智慧的火花将极大地扩展我们的思想，开拓我们的眼界。

## 让思维碰撞出智慧的火花

中国的孔老夫子曾说过："三人行必有我师。"

国外的大科学家牛顿则说："如果说我看得很远，那只是因为我站在巨人的肩上。"

他们的话不光代表着谦虚的治学风范，更体现着交流与分享对思考的重要作用。每个人擅长的领域都是有限的，人的精力与智力的范围同样是有限的。善于与人交流，把自己的思想分享给他人，同时，又从他人那里汲取的精华，这样，就能达到事半功倍的效果。

除此之外，与别人交流沟通，同样有助于拓展一个人的思维和视野。内行往往对从事的事物有体系化的、成熟的思考，但又常常被自己的经验所束缚，跳不出常规的圈子；外行虽说看个热闹，但有时却又能提出超越常规的独到见解，并由此收到奇效。

思考与创新最核心的要素就是：看待问题的角度。

沃森和克里克的研究领域分别为生物和物理，两人取长补短，充分发挥了思维的互补作用，最终研究出了DNA的双螺旋结构。

　　爱因斯坦与泰戈尔，一个是科学家，一个是文学家，研究领域迥然不同，但两人的交谈却进射出耀眼的智慧的光芒。这正是分享与交流产生的奇效。

　　小读者们，固步自封是不能取得进步的，多与身边的同学朋友交流，取长补短，这样才能拓展自己的视野，才能想出更多更好的主意。

# 生活中的智慧

有这样两则小故事。

一次，德国柏林空军俱乐部举行盛宴招待空战英雄，一位年轻的士兵斟酒时不慎将酒泼到乌戴特将军的秃头上。

顿时，士兵悚然，会场寂静，倒是这位将军不慌不忙。

他轻抚士兵肩头，说："老弟，你以为这种治疗能再生头发吗？"

会场立即爆发出了笑声，人们紧绷的心弦立刻松弛了下来，盛宴保持了热烈欢乐的气氛。

试想，乌戴特将军若认为被酒泼在头上有损尊严，严词训斥，大发雷霆，那么，他在酒宴上将会给人们留下一个多么糟糕的印象！所以后人评点他不愧是一位"智慧将军"。

另一则故事讲的是英国王室为了招待印度当地居民的首领，在伦敦举行晚宴，身为皇太子的温莎公爵主持这次宴会。

宴会上，达官贵人们觥筹交错，相与甚欢，气氛融洽。

可就在宴会快要结束时，出了这么一件事：侍者为每一位客人端来了洗手盘，印度客人看到那精巧的银制器皿里盛着亮晶晶的水，以为是喝的水呢，就端起来一饮而尽。

温莎公爵神色自若，一边与众人谈笑风生，一边也端起自己面前的洗手水，像客人那样自然而得体地一饮而尽。

接着，大家也纷纷效仿，本来要造成的难堪与尴尬顷刻消弭，宴会取得了预期的成功，当然也就使英国的国家利益得到了进一步的保证。

倘若温莎公爵在宴会上纠正客人的错误而在银盘里优雅地洗手，整个宴会将会乌云密布。所以，一位陪酒大臣说，当温莎公爵拿起银盘饮水时，他看到了智慧在闪光。

　　生活的大海丰富多彩又波光诡谲，做一个驾驭生活、创造生活、美化生活的高手，就必须拥有超人的智慧。超人的智慧往往孕育在开阔的思想、远大的目光和美好的情怀之中，所以，它能使月光生暖、岩石唱歌，使凶险咆哮的恶浪化为一江春水，使阴暗潮湿的环境变得色彩明亮。

　　纪伯伦说："大智慧是一种大涵养，有涵养的人才善于学习，我们从多话的人那里学到了静默，从褊狭的人那里学到了仁爱。"其实，在思维的碰撞中，往往正蕴含着智慧的火花。

# 医药学家李时珍的故事

李时珍小时候，身体瘦小虚弱，并曾染上肺结核，在父亲精心调治下，才得以痊愈。后来，李时珍常和父亲一起到山中采药，认识了很多药材。

从此，他对药物的研究产生了兴趣。

他非常好学，每次随父亲去采药，总是把每一种药物的名称、功能、药性等问个清清楚楚。父亲也总是不厌其烦地有问必答。弄不懂的地方，父子俩便请教书本。

有一次，李时珍看到一本书上介绍一种白花蛇，这种蛇能治疗风痹、惊搐、癣癞等多种疾病，是一种很名贵的药材。但这种蛇牙齿锋利并有剧毒，爬行起来飞快，若被它咬中必须立即截肢。

李时珍问他父亲："书上说这种蛇的肚皮上有24块斜方形的白色花纹，是真的吗？"

父亲为了培养李时珍的严谨态度，并没有直接回答他的问题，而是说："我们这个地方，有的是白花蛇，你抓一条看看不就

全知道了吗？"

第二天，他就一人上了他家附近的龙峰山，进行实地观察，并请捕蛇人帮助他抓了一条白花蛇，翻过来一看，果然肚皮上有24块斜方形的白色花纹，他非常高兴。

他认识到要丰富知识必须亲身实践，从此他便经常到龙峰山观察白花蛇的生活习性。后来他根据自己的观察写成了《白花蛇传》，并根据白花蛇祛风的特性，制成了专治中风、半身不遂的

"白花蛇"酒。

此后，李时珍为了印证书上的说法，获得真知，不辞辛苦，踏遍山山水水。有一次，他看到药书上说有种叫曼陀罗花的药物，食用以后，可使人手舞足蹈，严重的还会麻醉。

他不知这种药物是什么样子，附近也没有人知道，于是他开始寻找。

他走遍家乡一带的原野山谷，以及北京、南京、庐山、茅山等地，凡是药产丰富的地方，都留下了他的足迹，但他始终没有找到曼陀罗花。有一次问到几个山农，才知道曼陀罗花的俗名叫"山茄子"，武当山上就有。当时，李时珍已年过半百，但他坚持跋山

涉水，来到武当山，在茅草丛中，终于发现了叶子像茄子叶、花像牵牛花的曼陀罗花。

李时珍的父亲希望他走科举之路，节衣缩食供他念书。但李时珍看轻仕途，爱好医学。他耐心地说服父亲，放弃了科举做官的打算，专心学医，当时他22岁。

在行医中，李时珍刻苦钻研医学理论，用心吸取他人的医疗经验，发挥自己的创造力，对患者极富同情心，不贪财色，不辞辛苦。对贫穷的人，他主动登门诊治，不收诊疗费，甚至不收药费。因此在短短几年里，他的医术、医德就已享有盛誉。

李时珍从实际出发，灵活运用前人的经验，治好了不少疑难杂症。他曾用"使君子"、"百部"等药治愈了楚王府中小孩特别爱吃灯花的怪病。随后他被楚王府聘为"奉祠正"，掌管"良医所"事务。由于他医术高超，后又被举荐到北京"太医院"任"院判"。

但李时珍对官场中的钩心斗角很不适应，他也失去了研究药理、实地考察的自由时间。最终李时珍辞官回家，潜心研究医药。

李时珍深深体会到，作为一名医生，除了要懂医理，还要懂得药理，因此他在广泛采集标本的同时，还仔细研读本草书籍，并将这些理论知识与自己的临床实践相结合，最终写成了《本草纲目》。

　　这是一部划时代的科学巨著，是对我国16世纪以前本草学的总结。它集中反映了我国医药学家和劳动人民的卓越智慧，是我国科技史上的辉煌硕果，是医学宝库中一份极其珍贵的遗产。《本草纲目》被达尔文称为"中国古代的百科全书"。

# 踏遍万水千山的千古奇人

徐霞客自幼聪明好学，喜欢读书，特别是对那些有关历史、地理和探险游记之类的书更是爱不释手。这些书中描写的祖国名山大川，或雄伟峻峭，或秀美壮丽，或奇异莫测，在年幼的徐霞客心中留下了强烈的印象，使他心向神往，发誓长大后一定要游遍它们。

徐霞客的母亲支持和鼓励儿子出游，为儿子缝制了"远游冠"，为儿子进行旅行探险做了精心准备。

22岁那年，徐霞客正式开始了他的游历考察生活。此后30多年，他的大部分时间都是在外旅行，足迹遍及大半个中国。所到之处，他对该地的地貌、地质、水文、气候、植被等做综合的考察研究，然后将结果详细地记述在日记中。

古代进行长达数十年的旅游探险，并非易事。交通不便、资料残缺，若是没有远大的志向、坚韧的毅力是不可能坚持下去的。然而，徐霞客不仅做到了，而且为后人留下了一部伟大的著作——

《徐霞客游记》。

　　徐霞客的旅游探险，既不是追求闲情逸致而游山玩水，也不是为了猎奇，他是为了探索大自然的奥秘，补充或订正古书上缺少或有错误的记载。因此，他所选择的道路，常是艰险崎岖的道路；他所到之处常是人迹罕至的地方。攀悬崖绝顶，钻洞穴丛林，遇狂风暴雨，甚至虎狼侵扰，对徐霞客来说，都是家常便饭。

　　在湖南茶陵时，徐霞客听说当地麻叶洞中有"神龙奇鬼"，非符术不能服。他决定亲自去踏勘，看个究竟。

　　他向当地人要了几个火把，就毫不畏惧地进洞去了。当地人听说有人要进神洞，便纷纷前去围观，看进去的人会不会被吃掉。

　　约两个多时辰，徐霞客带着满意的神情出来了，他告诉围观的人们，里面并没有什么"奇鬼神龙"，这洞只不过比一般山洞深点、曲折点而已。

　　浙江东南部的雁荡山，山势奇伟。古书上曾记载，雁荡山顶有一雁湖，乃积水而成。徐霞客想验证一下此说是否确实。

当他来到雁荡山，经过一条山谷时，被一个陡峭的悬岩拦住了去路，这悬岩下为深潭。

　　徐霞客决定攀援而过。他爬到悬岩腰部，突然，脚下的石头松动，他一把抓住身边的一棵小树，听着那石头滚下的声响，心想，真险！差点葬身深渊。

　　这次考察失败了。然而，他并没有放弃，几年后，他又一次来到这里，经过几天的努力，他终于爬到山顶。在山顶，他看到山

顶上确有雁湖，并修正了古书上的一处讹误：书上记载山下的大小龙湫瀑布是发源于雁湖，他考察后得出了结论，大小龙湫瀑布源点离雁湖其实很远。

徐霞客还通过考察研究，澄清了长江的源流，对我国西南地区的石灰岩地区做了科学的论断。可惜的是，徐霞客的考察记载只流传下来约1/6，大多数已遗失。

读万卷书，行千里路。小读者们，坐在家里胡思乱想远不如自己动手去亲身实践，要记得古人说的那句话："纸上得来终觉浅，绝知此事要躬行。"

# 田忌赛马

齐国的大将田忌，很喜欢赛马，有一回，他和齐威王约定，要进行一场比赛。

他们商量好，把各自的马分成上、中、下三等。比赛的时候，他们上马对上马，中马对中马，下马对下马。由于齐威王每个等级的马都比田忌的马强得多，所以比赛了几次，田忌都失败了。

田忌觉得很扫兴，比赛还没有结束，就垂头丧气地离开赛马场。这时，田忌抬头一看，人群中有个人，原来是自己的好朋友孙膑。

孙膑招呼田忌过来，拍着他的肩膀说："我刚才看了赛马，威王的马比你的马快不了多少呀。"

孙膑还没有说完，田忌瞪了他一眼："想不到你也来挖苦我！"

孙膑说："我不是挖苦你，我是说你再同他赛一次，我有办法准能让你赢了他。"

田忌疑惑地看着孙膑："你是说另换一匹马来？"

孙膑摇摇头说："一匹马也不需要更换。"

田忌毫无信心地说："那还不是照样要输！"

孙膑胸有成竹地说："你就按照我的安排办吧。"

齐威王屡战屡胜，正在得意洋洋地夸耀自己马匹的时候，看见孙膑陪着田忌迎面走来，便站起来讥讽地说："怎么，莫非你还不服气？"

田忌说："当然不服气，咱们再赛一次！"说着，"哗啦"

一声，把一大堆银钱倒在桌子上，作为他下的赌钱。

齐威王一看，心里暗暗好笑，于是吩咐手下，把前几次赢得的银钱全部抬来，另外又加了一千两黄金，也放在桌子上。齐威王轻蔑地说："那就开始吧！"

一声锣响，比赛开始了。

孙膑先以下等马对齐威王的上等马，第一局输了。

齐威王站起来说："想不到赫赫有名的孙膑先生，竟然想出这样拙劣的对策。"

孙膑不去理他。接着进行第二场比赛。孙膑拿上等马对齐威

王的中等马，扳回了一局。

齐威王有点心慌意乱了。

第三局比赛，孙膑拿中等马对齐威王的下等马，又战胜了一局。这下，齐威王目瞪口呆了。

比赛的结果是三局两胜，当然是田忌赢了齐威王。还是同样的马匹，由于调换一下比赛的出场顺序，就得到转败为胜的结果。

# 苏东坡的智慧与幽默

一提到苏东坡，中国人总是亲切而温暖地会心一笑。苏东坡比中国其他的诗人更具有多面性天才的丰富感、变化感和幽默感，智能优异，心灵却像天真的小孩。终其一生他对自己完全自然，完全忠实。他即兴的诗文或者批评某一件不合意事的作品都是心灵的自然流露。他的作品蕴含着生动活泼的人格，有时候顽皮，有时候庄重，随场合而定，但却永远真挚、诚恳、不自欺欺人。

有一天苏东坡和佛印（和尚）去参观一座庙宇。他们走入内殿，看到观音菩萨手持念珠。

"观音也是菩萨，她数念珠干什么？"苏东坡问道。

"呃，"佛印说，"她也学别人拜佛呀。"

"拜哪一个菩萨呢？"苏东坡说。

"咦，拜观音菩萨呀。"

"这是怎么回事？她是观音菩萨，为什么要拜自己呢？"

"咦，"佛印说，"你知道求人不如求己嘛。"

有一次，一个无名学者来看东坡，带着一册诗，问东坡意见如何。这位穷学者朗诵他自己的作品，音调抑扬顿挫，显得很得意。"大人觉得鄙作如何？"他问道。

"可得十分。"苏东坡说。

对方面有喜色。东坡又说："诗有三分，吟有七分。"

　　苏东坡说，他的朋友文同久习书法未能成功，有一天在山道上漫步，看到两蛇相斗，才领悟其中的窍门。他由两蛇的韵律得到灵感，将它们蜿蜒的动作并入书法风格中。另一位书法家曾望见樵夫和村姑在狭路相逢，从而领悟韵律的秘诀。两个人都迟疑半晌，想让路，结果两个人都茫茫然不知道谁该停下来等对方过去。这两个人前前后后的动作造成一种张力、冲击和反冲，据说这位书法家第一次明了书法的原理。

　　有一个商人因债务而受审。被告是一个年轻人，苏东坡要他说明原委。"我家卖扇为生。"被告说，"去年父亲死了，留下一

些债务。今年春天又连连下雨，大家都不需要买扇子。不是我故意逃债。"

苏东坡沉吟半晌。忽然想到一个主意，眼睛不觉一亮。他看看桌上的笔墨，打算一展身手。

"拿一堆扇子来，我替你卖。"他对那人说。

那人回家拿了20把白绢团扇。苏东坡用桌上的判笔写草书，画枯木竹石。一个钟头左右20把全画完了。他拿给那个人说："出去还债吧。"

那人没想到自己这么幸运，连忙拜谢大人，抱着扇子走出去。苏东坡画扇子的消息已经传开了。他一跨出府门，身边早围满群众，大家争相以一千钱买一把扇子，几分钟就卖光了。买不到的人遗憾不已。

苏东坡闲来无事，习惯到乡间四处采药，分辨各种药草。他写了不少有关药草的笔记，照他的说法，把荨麻敷在风湿起始的肿痛关节上，全身各处的酸痛都会停止。他还细心研究过苍耳的药用价值。他写下苍耳白粉碾制的办法，白粉吃下去据说可以美化皮肤，"满肌如玉"。

苏东坡一生中，无论是一帆风顺时还是身处逆境中，都为我们留下了他灵魂的欢欣和心智的乐趣，这些都是不可多得的宝藏。

# 人生的创意

市郊的河滩，原本是一块荒芜的沙地，春天时，来了一位老农。他将荒草拔掉，垅起了田垄。人们问他说："这块沙地上，你

准备种什么呢？"

老农笑笑，坦诚地说："沙地还能长什么？只是种西瓜还行，俺就种西瓜。"

人们听了都纷纷摇头，七嘴八舌地说："你老家不是这里的吧？你可能不知道，这些年，咱们这里西瓜多得都成灾了，瓜熟时，大街小巷都是西瓜。卖起来特别地难，许多瓜农都愁哭了。"老农听了，笑笑说："我种的西瓜和他们的不一样。"

"不一样？"人们疑惑了，问："是新品种吗？"

老农摇摇头。

人们说："不是新品种，有什么不一样呢？再说了，就是新品种，又该如何，不还是西瓜吗？"

老农不说话，只是淡淡地笑笑。

过了几个月，许多人都拥到市郊的河滩上去，尤其是年轻人和孩子们。我们几个朋友好奇，也跟着去了。到河滩上一看，原来的那片荒滩已经碧绿一片了，爬满了翠绿翠绿的西瓜藤，一群孩子和年轻人拥到瓜田旁的树荫下，围着那位老农在争先恐后地说什么。我们走过去一看，原来是每个人都在向老农报自己的姓名。

我们好奇地问身旁的一个孩子："你们把自己的姓名报给老农做什么呢？"那个孩子说："让自己的姓名长大呗。"

让姓名长大？我们更惊奇了。好奇的我们于是也把自己的姓名报给了那位老农。拿着写得满满一张纸的姓名，老农带着我们进了瓜田。瓜田里的西瓜还远没长熟，一个个只有拳头大，绿油油的、黑闪闪的，像一个个可爱的青皮球。老农弯下腰去，掏出一把

银亮亮的小刀子，小心翼翼地在一个瓜上浅浅地刻上一个人的名字，扭头笑眯眯地对那人说："刻上了你的名字，瓜一长大，你的名字就长大啦。"

我们弯下腰去仔细看，原来许多小西瓜上都已刻上了一个又一个不同的姓名。有的瓜上有一个，有的瓜上有两个，几乎每个西瓜上都有名字。我们不解地问老农，为什么有的只刻一个，而有的却刻两个呢？老农笑笑说："刻一个的，往往是一个人或者是这个人朋友的名字，他要看自己的姓名随着瓜长大，瓜熟后自己品用或者作为礼物送给自己的朋友。刻两个的，一般都是情侣或恋人。他们要让两人的姓名随着瓜一天天长大，然后蒂结出甜美的爱情。"

老人乐呵呵地说："这种瓜可以叫情侣瓜。"

掰着手指等到瓜熟时，我们骑着车子又去了瓜地，一看自己刻在西瓜上的名字果然随着西瓜的长大而长大了，我们很高兴，像许多人一样快快乐乐地买下了那个西瓜。夏天就要过去时，那位老农没出瓜田，却已早早卖完了自己的西瓜。而其他许多瓜农，还正坐在街头，对着自己那堆积如山却卖不出去的西瓜，闷闷地发愁呢。

# 猴子饮水

　　非洲大草原的旱季来临了，饮水成了生活在这里的所有动物最艰难的事情。食草动物和食肉动物四处寻觅着水源。在飞禽的指引下，走兽们终于找到了一个日渐干涸但仍有水的小湖。

　　狮子最先赶到这里，喝完水后离开了。斑马、羚羊、跳羚、

　　猴子等陆续集结此地，可一个严峻的现实摆在它们面前，湖水中潜藏着许多鳄鱼，个个虎视眈眈。岸上的动物显得惶恐焦躁，不敢轻易靠近，但又无法忍耐饥渴的折磨。

　　最先冒险的是勇敢的斑马，领头的一只试探着靠近湖水，低下头小心翼翼地喝了口，然后抬起头观察一下再低头喝。接着其他的斑马也鼓足勇气相继靠近，低头，饮水……突然，一只鳄鱼咬住了猎物。一头体格较弱的斑马成了牺牲品，别的斑马纷纷后退。

　　鳄鱼的强悍有目共睹，可生存成了动物们唯一的渴求，眼睁睁地看着一些动物脱水后倒下，它们只能选择冒险。

　　于是，羚羊、跳羚、角马等不间断地先后靠近湖水。一场生与死的较量、进攻与脱险的游戏一遍又一遍悲壮地演绎着……

　　虽然许多动物不幸地落入凶残的鳄鱼之口，但饥渴难耐的"悲壮者"仍旧选择"冲锋"。

　　与此相反，猴子并不轻举妄动。原来，大多数猴子"探索"出一条饮水的巧妙方式：在离湖不远的岸边沙地上挖出洞穴，湖水会从地下渗透过来，这足以让猴子们活下去。

　　猴子饮水的巧妙方式，给人们一个启示：勇敢的冒险有时并非明智之举，而另辟蹊径的智慧才是取胜的法宝。

## 说到不如做到

　　每一个梦想都是美丽的，但是如果不努力去实现，那么它就只能是一个黄粱美梦。同样，再好的想法，如果不通过实践去检验、实现，也只能是一纸空谈，没有任何的现实意义。正如有句名言说得那样：实践是检验真理的唯一标准。

　　有一个成语叫"纸上谈兵"，讲的是：赵括自幼熟读兵书，从小，周围的人就都夸他聪明。但是赵括的聪明实际上是"自作聪明"，他在书中学到的理论从来都没有与实际作战相结合，最终身死人手，沦为天下笑柄。

　　相反，著名医药学家李时珍，熟读医书，并将书中的道理与自己的临床实践相结合。有时，甚至要冒着生命危险上山采药、试尝药物，以此来熟悉药理，最终写出了《本草纲目》这样的伟大著作。

　　"纸上得来终觉浅，绝知此事要躬行"。只有把自己的想法拿到实际生活中，我们才能知道它是否正确；也只有在生活中为了梦想不断努力，好的想法才能真正变为现实。

　　小读者们，千万不要做"思想上的巨人，行动中的矮子"哦。